Au fil des pages

Les costumes 7

Le décor 15

La vie de château 21

Le livre d'une Princesse

Tous les secrets pour vivre à la Cour

Sylvie Blondeau

casterman

Les princesses traversent les siècles et sont les créatrices de mode de leur époque. Du Moyen Âge à l'Empire, voici les tendances de la cour, laquelle suivras-tu ?

AU MOYEN ÂGE

Les couleurs sont franches : bleu, rouge et ocre sont dominants sur des tissus épais en laine, en lin.

À LA RENAISSANCE

Les couleurs sont sombres, noir, marron, bordeaux mais décorées de doré. Les tissus sont lourds, brocarts sur velours.

SOUS LOUIS XIV

Des couleurs très pastel, bleu, jaune, rose, vert tendre teintent des tissus rapportés des Indes, que l'on nomme « toiles indiennes ».

SOUS LOUIS XVI

Pour une tendance très bergère, des cotons rayés, satins à fleurs mais aussi beaucoup de blanc.

À L'EMPIRE

Des soies et satins brochés sont utilisés pour les manteaux et pardessus, mais on porte des mousselines très transparentes pour les robes blanches ou claires parsemées de broderies.

Les costumes

Pour ajuster au mieux votre robe de princesse, il faut avant tout prendre quelques mesures. À l'aide de votre valet de chambre ou de votre dame de compagnie, mesurez :

1- le tour de votre taille
2- la longueur, de la taille jusqu'aux pieds.
3- la hauteur, du cou jusqu'aux pieds.
4- votre tour de tête pour que votre couronne soit royalement portée.

Pour donner du volume à votre jupe, inutile de chercher la « cage à oiseaux » au grenier. Empruntez plutôt la blouse fleurie de Mamie.

La robe paniers

Il vous faut : une blouse longue ou une chemise de nuit, du papier crépon 50 x 200 cm, une bande de bristol de même longueur que votre tour de taille en 6 cm de large, du fil et une aiguille, de la peinture, des paillettes, des rubans, de la colle et des ciseaux

1 Enfilez votre blouse, ajustez la longueur des manches et la longueur de la robe.

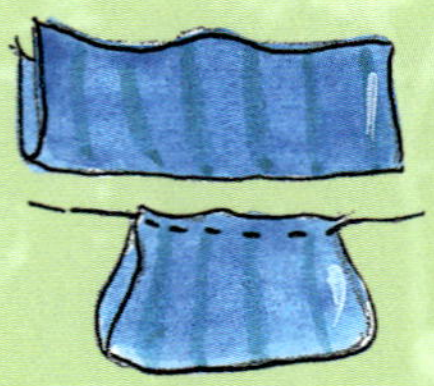

2 Pliez le crépon en deux, passez un fil de fronces tout du long et plissez joliment.

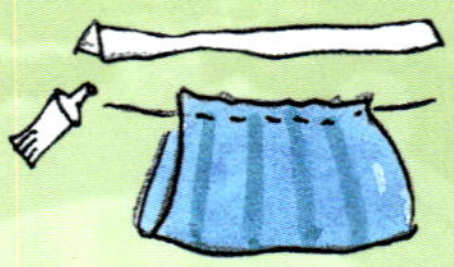

3 Peignez la languette de bristol, pliez-la en deux dans la longueur, collez les fronces à l'intérieur.

4 Percez un trou à chaque bout, passez un ruban. Décorez au pinceau ou en collant des paillettes et des fleurs en papier.

Pas obligée de souffrir le martyre pour avoir une taille fine ! Adieu les corsets de nos arrière-grands-mères !

La ceinture

1 Découpez une bande de papier crépon de 10 x 150 cm. Collez la bande de bristol au milieu et à l'intérieur du papier crépon.

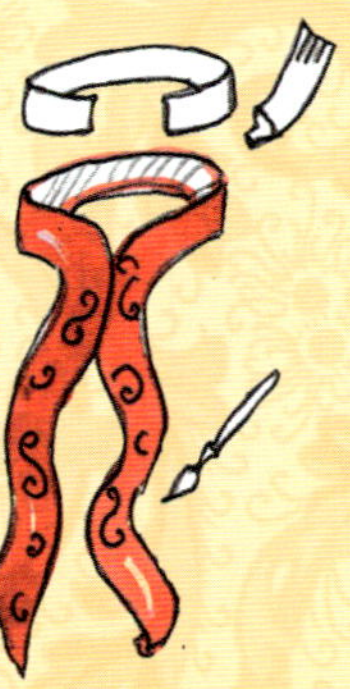

2 Dessinez des volutes à la peinture dorée et parsemez de paillettes. Nouez la ceinture et faites une belle boucle dans le dos.

Il vous faut : du papier crépon, une bande de bristol de même longueur que votre tour de taille en 10 cm de large, des paillettes, de la peinture dorée.

1 Tracez la forme du col dans la feutrine blanche.

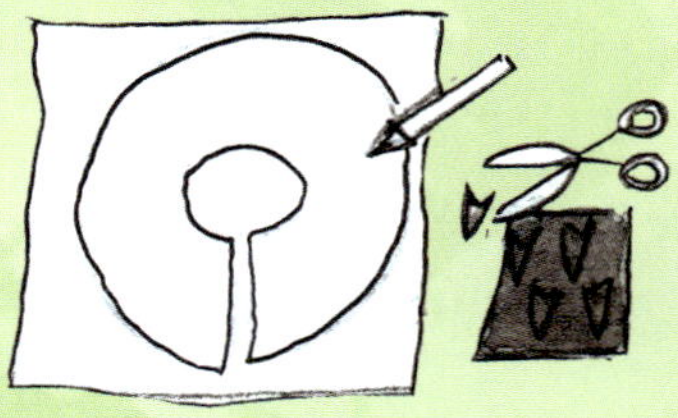

2 Découpez les pointes dans la feutrine noire et collez sur le col.

3 Découpez 2 étoiles ou fleurs dans le carton et peignez-les en doré. Collez un bouton dessus en prenant soin d'enfiler une ficelle dans l'un d'entre eux.

4 Passez un fil de fronces dans le haut du tissu et froncez, puis collez à l'intérieur du col. Pour fermer la cape, enroulez la ficelle autour du bouton.

La cape

Il vous faut : de la feutrine noire et blanche, du tissu ou drap à vos mesures en 100 cm de large, du carton, de la peinture dorée, 2 boutons

Le hennin

Il vous faut : du carton, des rubans, du papier-cadeau, de la peinture, des strass, des boutons

1 Découpez un demi-cercle dans le carton.

2 Pliez en ajustant à votre tour de tête et collez la tranche. Peignez.

3 Découpez une bande de papier-cadeau.

4 Agrafez les deux rubans de part et d'autre et collez la bande de papier par-dessus. Décorez avec boutons et strass.

– Eh bien ! voilà, de quoi aller au bal : n'es-tu pas bien aise ? dit la fée.

– Oui, mais est-ce que j'irai comme cela, avec mes vilains habits ?

La fée ne fit que la toucher avec sa baguette, et ses vêtements furent changés en tissus d'or et d'argent, tout chamarrés de pierreries ; une paire de pantoufles de verre, les plus jolies du monde, protégeait ses petits pieds.

CENDRILLON

À chaque époque son style...

Dans les grandes occasions, la princesse médiévale ou moderne se pare toujours d'une coiffe. Décorée de plumes ou de rubis, elle indique le rang de la royauté.

Pour être digne de la Cour, inventez-vous une coiffe extraordinaire !

Les blasons

Il vous faut : du plastique fou, des feutres ou des crayons de couleur

Découpez la forme dans le plastique en tenant compte du rétrécissement de la cuisson. Dessinez, coloriez, percez un trou et faites cuire.

Couronne et diadème

La couronne

Il vous faut : une bande de carton ondulé de la largeur de votre tour de tête et de 5 cm de haut, des perles, des chenilles cure-pipes, des boutons, du ruban

1 Percez un trou à chaque extrémité du bandeau et enfilez le ruban.

2 Enfilez une ou plusieurs perles sur les morceaux de chenille et insérez-les dans le carton ondulé en formant des arceaux.

3 Collez un bouton au centre du bandeau.

4 Enfilez des petites perles sur un fil et collez le fin collier à l'intérieur de la couronne avec des morceaux d'adhésif.

Le diadème

Il vous faut : une bande de carton ondulé de la largeur de votre tour de tête et de 5 cm de haut, du papier aluminium, une perle

Percez un trou à chaque extrémité du bandeau et enfilez le ruban. Découpez des bandes de papier aluminium et entortillez-les en baguettes. Scotchez-les à l'intérieur de la couronne en formant des arceaux. Ajoutez une perle au centre du bandeau.

La boîte à bijoux

Il vous faut : une boîte à fromage ronde, du carton, de la colle, un feutre doré, de la peinture et des strass, des boutons, des perles, du cordon

1 Enlevez le couvercle de la boîte et découpez un morceau de carton de 10 cm de haut et suffisamment large pour recouvrir la boîte. Collez autour de la boîte.

2 Peignez boîte et couvercle.

3 Découpez 2 cœurs identiques, et collez-les face à face en insérant une allumette entre les 2.

4 Faites un trou dans le couvercle et glissez l'allumette. Décorez la bordure avec des strass. Décorez de volutes avec un feutre doré.

La bague

Le collier du chat

Les escarpins

Elle avait laissé tomber une de ses petites pantoufles de verre, la plus jolie du monde ; le fils du roi l'avait ramassée, et il n'avait fait que la regarder pendant tout le reste du bal. Assurément il était fort amoureux de la belle personne à qui appartenait la petite pantoufle.

CENDRILLON

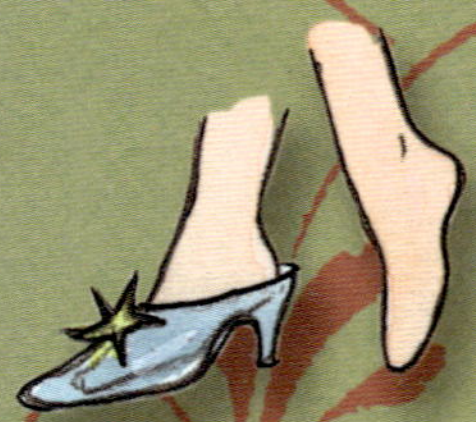

Décorez vos ballerines avec de la bombe dorée, vos souliers avec une pince à dessin garnie d'un ruban et vos tennis en enfilant des perles sur les lacets.

Le collier

1 Préparez le fermoir : faites un nœud au cordon et enfilez un ou deux boutons et une perle, puis faites glisser l'ensemble jusqu'au nœud.

2 Enfilez les boutons et perles à votre guise, finissez par une boucle.

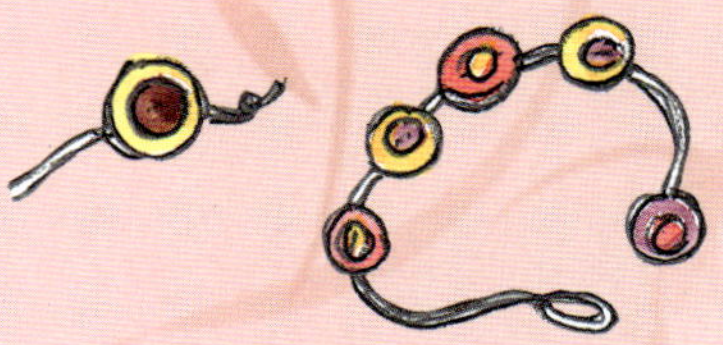

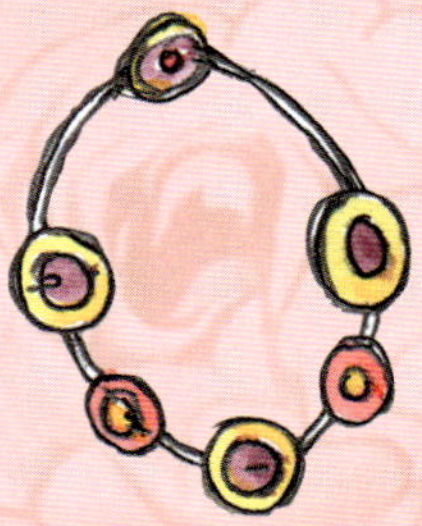

Les boucles d'oreilles

Le sac

Il vous faut : de la feutrine ou du tissu, du ruban, 2 bracelets, des strass, un feutre doré, de la colle

1 Découpez en pliant votre tissu et collez les bords.

2 Retournez le sac.

3 Repliez le tissu sur les anses-bracelets et collez.

4 Faites une boucle avec le ruban, collez sur le devant du sac et décorez au feutre. Collez des strass.

Barrettes

Il vous faut : un support de barrette ou une ancienne barrette, des plumes, des paillettes, des strass, de la colle

Collez les plumes à votre guise et décorez de strass et paillettes.

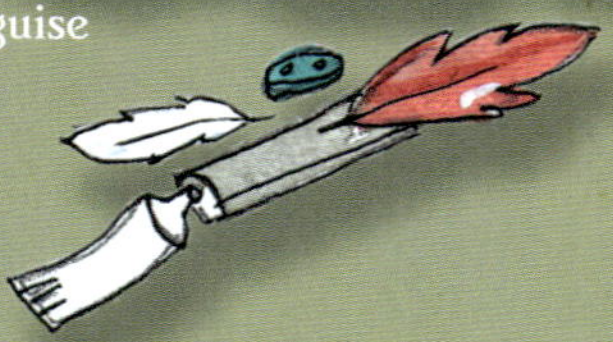

Un Jour,
Mon Prince Viendra

Il est si merveilleux,
Comment résister ...

Un jour, mon Prince viendra,
Un jour, on s'aimera,
Dans son château, heureux, s'en allant
Goûter le bonheur qui nous attend !

Quand le printemps, un jour,
Ranimera l'amour,
Les oiseaux chanteront,
Les cloches sonneront,
L'union de nos cœurs,

Un jour, mon Prince viendra,
Un jour, on s'aimera...

BLANCHE-NEIGE

Un trésor caché

Il vous faut : du bristol, de la peinture, du ruban, une attache parisienne, la photo de votre Prince

1 Découpez 3 ovales dans du carton à la taille de la photo.

2 Évidez l'un des ovales afin d'obtenir un cadre. Peignez-le.

3 Placez la photo derrière le cadre et collez au dos le deuxième ovale.

4 Peignez et décorez le troisième cadre d'un cœur, faites un trou dans les 3 ovales, enfilez le ruban et posez l'attache parisienne.

Tout près du cœur, c'est là que repose votre bien-aimé. Prince Charmant, Prince Vaillant, vous seule connaîtrez son identité.

Le décor

Voici comment transformer votre chaumière en palais. Aussi facile que dans un conte de fées.

Le baldaquin

Il vous faut : 1 cerceau, 2 mètres de toile à beurre ou voilage, des papiers colorés, du crépon, des rubans

1 Nouez 2 ficelles en croix à l'intérieur du cerceau et rassemblez au centre une ficelle pour l'accroche.

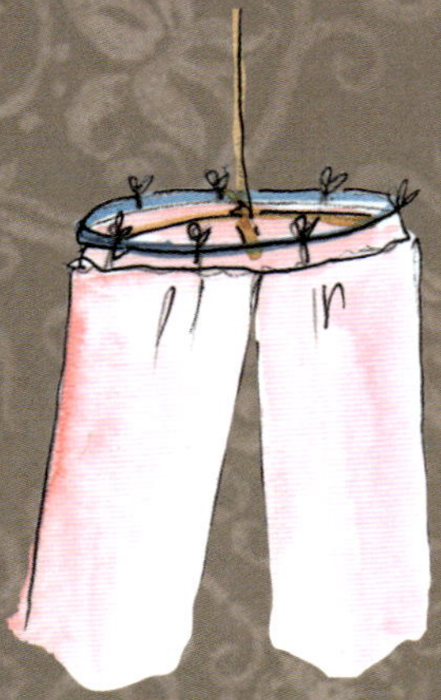

2 Faites 8 trous dans la largeur du voilage et enfilez des ficelles. Nouez autour du cerceau

3 Découpez une bande de crépon aussi large que le diamètre du cerceau et nouez des rubans en remontant le crépon autour du cerceau.

4 Découpez des fleurs et des papillons et collez-les sur le rideau.

Le lit

La tête de lit

Il vous faut : un grand carton, de la peinture, des perles, un feutre doré

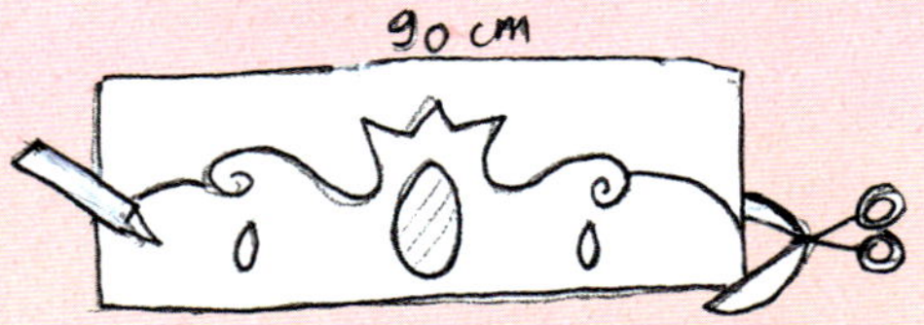

1 Reportez le gabarit sur le carton et découpez tout le tour ainsi que la partie grisée.

2 Reproduisez votre profil sur un papier en projetant votre ombre avec une lumière.

3 Placez le portrait dans l'ovale. Peignez le carton, accrochez des perles et pampilles en les collant au dos, dans les parties évidées. Décorez au feutre doré.

« Est-ce vous, mon Prince ? Vous vous êtes bien fait attendre. »

LA BELLE AU BOIS DORMANT

Un soir par un temps affreux, éclairs et tonnerre, cascades de pluie, on frappa à la porte de la ville et la vieille reine elle-même alla ouvrir. C'était une princesse qui était là, dehors. Mais grands dieux ! de quoi avait-elle l'air dans cette pluie, par ce temps ! L'eau coulait de ses cheveux et de ses vêtements, entrait par la pointe de ses chaussures et ressortait par le talon ... et elle prétendait être une véritable princesse !

"Nous allons bien voir ça", pensa la vieille reine. Mais elle ne dit rien. Elle alla dans la chambre à coucher, retira toute la literie et mit un petit pois au fond du lit ; elle prit ensuite vingt matelas qu'elle empila sur le petit pois et, par-dessus, elle mit encore vingt édredons en plumes d'eider.

C'est là-dessus que la princesse devait coucher cette nuit-là.

Au matin, on lui demanda comment elle avait dormi.

– Affreusement mal, répondit-elle, je n'ai presque pas fermé l'œil de la nuit. Dieu sait ce qu'il y avait dans ce lit. J'étais couchée sur quelque chose de si dur que j'en ai des bleus et des noirs sur tout le corps ! C'est terrible !

Alors ils reconnurent que c'était une vraie princesse puisque, à travers les vingt matelas et les vingt édredons en plumes d'eider, elle avait senti le petit pois.

Une peau aussi sensible ne pouvait être que celle d'une authentique princesse ! Le prince la prit donc pour femme, sûr maintenant d'avoir une vraie princesse.

Le petit pois fut exposé dans le cabinet des trésors d'art, où on peut encore le voir si personne ne l'a emporté.

Et ceci est une vraie histoire.

LA PRINCESSE AU PETIT POIS

Le couvre-lit

Il vous faut : du ruban, du carton, 2 boutons

1 Découpez 2 ronds dans du carton. Collez-y un joli ruban orné d'un beau bouton au centre.

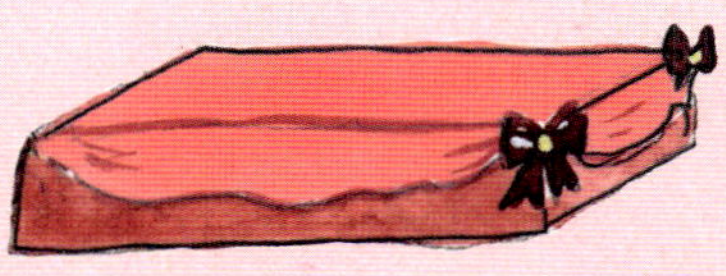

2 Fixez ces décorations aux 2 bouts du lit.

Les coussins

Il vous faut : 1 coussin, de la feutrine, des strass, du ruban

1 Découpez une fleur dans de la feutrine et collez-la sur le coussin et ajoutez des strass.

2 Nouez les rubans autour des 4 coins.

Le miroir

Il vous faut : un miroir, du carton, de la peinture, de la ficelle, du ruban doré, de l'adhésif double-face

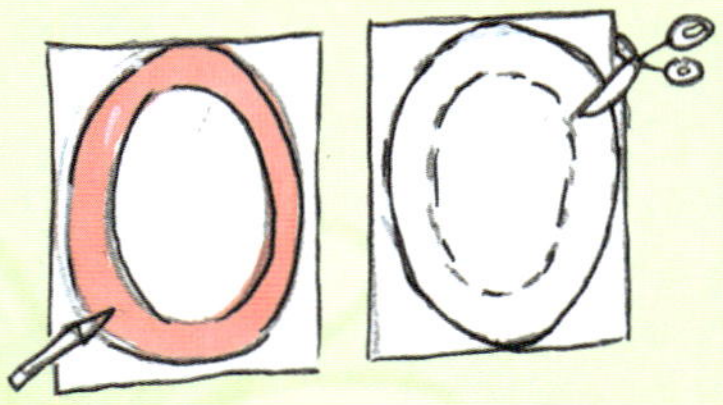

1 Posez le miroir sur le carton et reportez le contour intérieur et extérieur, puis découpez le carton.

2 Sur des ronds de carton, collez des boucles de ruban et terminez par un bouton.

3 Collez des morceaux de ficelles en volutes sur le cadre, peignez l'ensemble et collez les fleurs. Collez le cadre sur le miroir avec de l'adhésif double-face.

L'armoire

Il vous faut : du carton, de la peinture, un feutre doré

1 Préparez le motif sur la moitié du carton, découpez et pliez en 2 pour reporter l'autre moitié.

2 Peignez le carton, tracez les contours au feutre doré. Décorez avec des strass. Collez le carton avec du double-face au dos de l'armoire.

3 Peignez le haut de l'armoire de la même couleur que le carton, et le bas d'une autre couleur.

4 Dessinez des volutes sur le bas de l'armoire avec le feutre doré. Découpez deux étoiles en carton, peignez-les et placez-les sous les poignées de l'armoire que vous aurez dévissées.

Le vent des haies et les roses des parterres et même son miroir, un miroir véridique animé par les fées crièrent à tue-tête et à toute heure du jour et de la nuit :
« Ta beauté est divine et charme les oiseaux et les hommes, grande reine, mais la princesse Neigefleur est plus belle que toi ! ».

La princesse Neigefleur

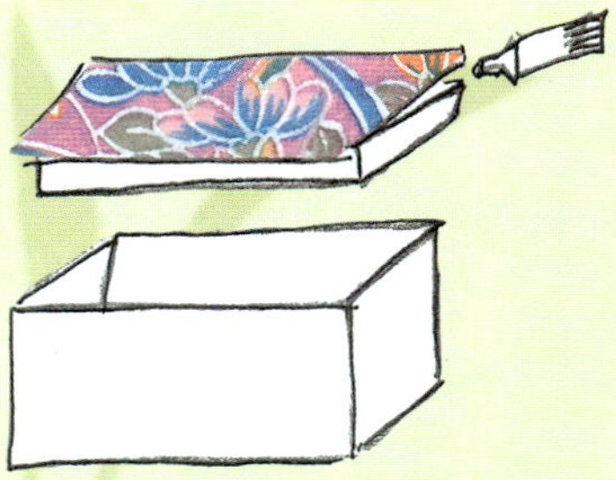

1 Collez le papier-cadeau sur le couvercle.

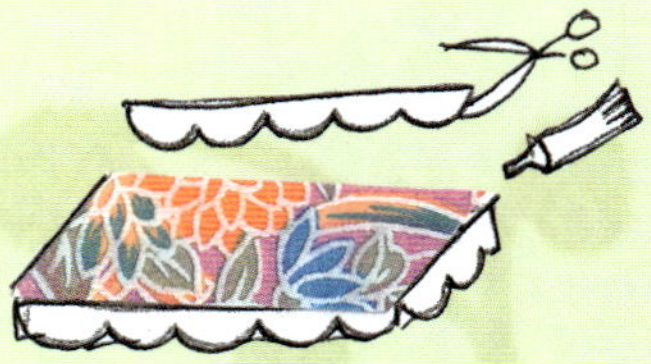

2 Découpez 4 bandes festonnées, peignez-les et collez-les sur les bords du couvercle.

3 Découpez et peignez 4 bandes pour le dessus du couvercle et collez-les. Placez des attaches parisiennes tous les 5 cm.

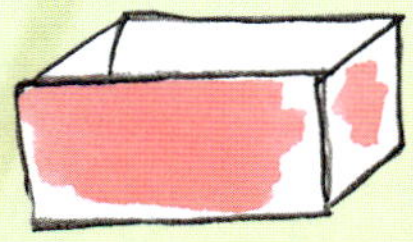

4 Peignez la boîte.

Le coffre

Il vous faut : une boîte en carton avec couvercle, du papier cadeau, du papier doré, du carton, des attaches parisiennes, de la peinture, une cordelière

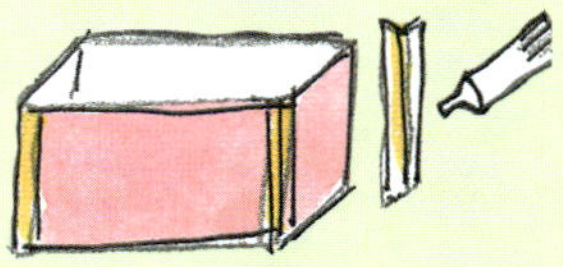

5 Découpez des bandes pour les angles, peignez et placez-les.

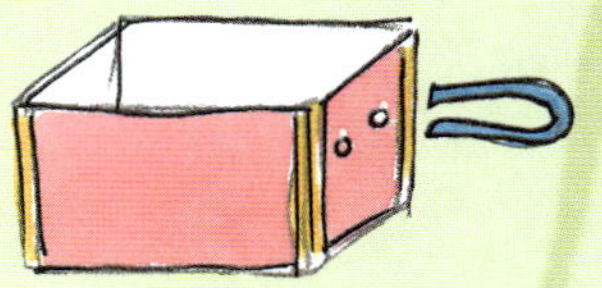

6 Percez deux trous de chaque côté et insérez la cordelière.

7 Découpez deux couronnes dans du papier doré et collez-les.

Le rideau et la lampe

Le rideau

Il vous faut : une baguette de bois, du bristol, de la peinture, des pailles, des perles, de la ficelle, de la colle

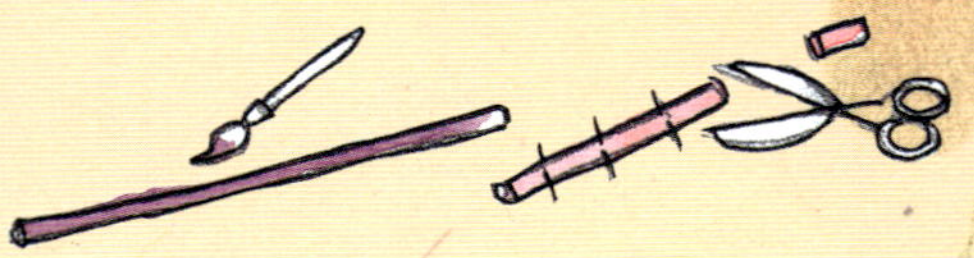

1 Peignez la baguette, coupez les pailles.

2 Tracez les couronnes dans le bristol, peignez et découpez-les, décorez avec des paillettes ou des strass.

3 Enfilez une perle et faites un nœud, puis enfilez une paille, collez deux couronnes face à face en insérant la ficelle. Enfilez à nouveau perle ou paille et composez ainsi plusieurs ficelles. Nouez chaque ficelle autour de la baguette et nouez deux ficelles aux extrémités de la baguette pour suspendre le rideau.

La lampe

Il vous faut : une lampe de chevet sans abat-jour, du carton, de la peinture, des attaches parisiennes, des paillettes et des strass

1 Découpez le carton de la hauteur de la lampe et suffisamment large pour faire le tour.

2 Tracez et découpez 5 pointes. Peignez les deux faces de couleurs différentes.

3 Percez des petits trous avec une aiguille, dessinez des motifs avec un feutre doré. Rassemblez les bords avec des attaches parisiennes.

La vie de château

La vie de château,
c'est un peu comme au théâtre.
Revêtez costume et perruque
et mettez en scène votre royal
spectacle.
Mais l'habit ne fait pas
le moine, il faut aussi connaître
les gestes et usages qui feront
de vous la princesse parfaite.

Le savoir-vivre

Les règles se transmettent de princesse mère à princesse fille. La princesse parfaite doit être aimable, courtoise et ponctuelle.
Pas de haillons pour Cendrillon si elle avait respecté le douzième coup de minuit !
Une princesse n'embrasse pas ses amis, elle fait la révérence. Le prince lui, fait le baisemain sur les mains gantées de blanc.
La princesse voyage à travers le monde et sait dire bonjour dans de nombreuses langues.

La journée type

La princesse se lève illuminée par les rayons de soleil qui révèlent sa beauté naturelle (sauf la Belle au bois dormant qui ne se réveille qu'avec un bisou magique).
Elle coiffe ses longs cheveux et commence la journée en chantant : « Un jour, mon prince viendra... »
Puis elle cueille des roses dans le jardin et va s'asseoir sur un banc pour broder. Son carrosse l'emmène au château voisin ou elle rencontre le Prince.
Elle lui chante sa dernière composition : « Oh Prince Charmant ! Mon cœur bondissant.... » (Une princesse n'attend pas longtemps que ses vœux soient exaucés !!!)

À vous d'imaginer la suite,
voici quelques rimes pour vous aider !

Carrosse, féroce, rhinocéros
Cavalier, aimer, chantier
Amour toujours, velours
Princesse, paresse, tresse…

Le bon usage

... du titre

Si l'un de vos invités, un peu empoté, vous demande comment il faut vous appeler, répondez-lui que l'on dit toujours « Madame » à une princesse même si elle n'est pas mariée. Mais si vous le trouvez très mignon, prenez-le par le bras et chuchotez-lui :

« Appelez-moi simplement par mon prénom, très cher, c'est le privilège de mes grands amis. »

... de l'invitation

Pour les dîners officiels, les invitations se font dix à quinze jours à l'avance sur carton imprimé suivies de la mention « RSVP ».

Il était de bon ton de clore son enveloppe par un cachet de cire. Mais, de nos jours, il sera joli de simplement apposer son initiale à l'arrière de l'enveloppe grâce à un tampon gravé dans une gomme ou réalisé grâce à une fine corde.

Une princesse n'envoie pas de « mails », elle rédige de jolies lettres à la plume sur des parchemins enrubannés. Elle convie ses amis et transmet son courrier par porteur ou par pigeon voyageur.

Le courrier

1 Pour donner un aspect vieilli à du papier, découpez-y des dents.

2 Trempez le papier dans du thé puis laissez sécher avant d'écrire.

3 Enroulez le parchemin grâce à un joli ruban.

4 Transformez votre crayon en plume en y attachant une plume d'oiseau avec de la ficelle.

L'invitation au château

Il vous faut : 2 papiers de couleurs différentes, des feutres, de la colle

1 Dessinez le château sur l'un des papiers et coloriez-le.

2 Découpez l'ouverture de porte.

3 Collez le château sur l'autre papier, ouvrez la porte et écrivez.

Les mondanités

Quoi de plus extraordinaire qu'un bal à la cour !
C'est le rendez-vous des robes qui virevoltent au rythme des violons et harpes !
La princesse ouvre le bal avec le prince de son choix, elle n'a qu'à tourner les pages de son carnet de bal, la liste de ses prétendants est longue et les danses multiples !
Menuet, fox-trot, valse, connaissez-vous les pas ?

Valse-Polka

gauche droit

(Départ) Partez les 2 pieds parallèles, 1) avancez pied droit, 2) arc de cercle pied gauche, 3) regroupez (puis) 1) reculez pied gauche, 2) arc de cercle pied droit, 3) regroupez.

1 Découpez deux cœurs dans le carton et plusieurs cœurs dans le papier.

2 Percez un trou dans chaque cœur, peignez le cœur du dessus et décorez d'une couronne.

3 Enfilez un ruban dans chaque cœur. Inscrivez le nom des princes et des danses correspondantes.

Carnet de bal

Il vous faut : du carton, du papier, du ruban, de la peinture

Saynètes à jouer à la Cour

Saynète
1

Le portrait

Scène à deux personnages, la princesse et le (ou la) peintre.

Autrefois les photos n'existant pas, les gens de la cour avaient pour coutume de se faire peindre le portait et cela permettait aux futurs époux qui vivaient souvent dans différentes contrées de se connaître avant le mariage arrangé, par peintures interposées...
La princesse doit se marier, mais n'a jamais rencontré son futur époux...

Peintre : Mon maître Le Prince Parfait m'envoie à vous avec
son portrait.
Il souhaite que je fasse en retour un tableau de votre
altesse dans sa Cour.

(À part) Pauvre fille, si tu savais
On est bien loin de la réalité !

La princesse : Qu'il est charmant !
C'est un beau prince assurément
C'est dans cette robe que je veux être peinte
Pour être aimée de mon Prince.
J'admire son beau portrait
Un bien bel homme il me paraît.

Peintre : Chère Princesse, vous me flattez
Ma palette je vais parer
De cette couleur de soie dorée.

Princesse : Il me faut aussi porter
De faux cheveux mieux coiffés.
Les miens sont beaux mais une princesse
doit faire honneur à ses tresses !

Peintre : Ainsi coiffée, c'est à une Reine que vous ressemblez !

Princesse : N'oubliez pas de me gommer
cette petite bosse que j'ai au nez.

Peintre : Elle est si fine que je ne l'avais
pas remarquée !

Princesse : Et si petite que je sois,
cher Maître, grandissez-moi !

Peintre : Mais votre Majesté,
vous êtes grande de générosité !

Princesse : Mes yeux marron, je veux noisette !

Peintre : C'est justement sur ma palette

Princesse : C'est décidé, vous êtes engagé !
Je vous attends pour poser
pour que mon prince puisse m'aimer
en voyant ce beau portrait !

Prince *(à voix basse)* : Pauvre fou qui en voyant son portrait
va épouser ce laideron, en vérité !

Saynète
2

La Robe

Scène à deux personnages, la princesse Lila et la couturière Madame Rose.

La scène se situe chez Mme Rose, dans son atelier. On frappe à la porte.

Mme Rose : J'arrive de suite, entrez, entrez,
je suis au fond de l'atelier.

Princesse Lila : C'est moi Lila, bonjour !
Si je viens de si bon matin
Me confier encore à vos soins
C'est pour le bal à la Cour.

Mme Rose : Princesse, Majesté, votre visite m'honore,
Votre présence illumine ce décor !

Princesse Lila : À l'occasion du bal, mes 16 ans seront fêtés
Je veux être la plus belle, et vous pouvez
m'aider.

Mme Rose : Je vous montre mes étoffes sans plus tarder
D'un pays lointain, elles viennent d'arriver
Satin de soie, mousseline, organza
Vous n'avez qu'à nommer votre choix !
Votre taille fine ainsi parée
Va éblouir vos invités !

Princesse Lila *(enjouée)* : Madame Rose, c'est merveilleux,
vous me gâtez !
Lila regarde par-dessus l'épaule de Mme Rose.
Mais quel est ce tissu que vous me cachez ?

Mme Rose *(ennuyée)* : Ce chiffon-ci ? N'y pensez pas !
Un vulgaire taffetas
commandé pour une djellaba !

Princesse Lila : Fichtre c'est celui-là !
Rien d'autre ne me parera
Aussi noblement que ce taffetas !

Mme Rose *(très ennuyée)* : Mais, la couleur, votre Majesté,
Ce jaune poussin va révéler
une mauvaise mine qui ne vous sied !
Si votre prénom est Lila
C'est un carmin qui vous ira !

Princesse Lila *(vexée)* : C'est donc cela, Madame Rose.
Vous me cachez bien quelque chose.
À qui destinez-vous ce bijou ?
Car ce tissu est vraiment chou !
(Mme Rose baisse les yeux, honteuse)
Ne serait-ce à ma rivale,
la princesse Fleur de Parme ?
Ce n'est certes pas à mon bal
qu'elle pourra dévoiler ses charmes
vêtue de ce tissu soyeux
qui en mettra plein les yeux !

Mme Rose *(en larmes)* : Pardon Princesse mais je ne puis
vous accorder cette soie jolie.
Vous avez raison, je vous l'avoue,
c'est une matière de si bon goût
mais c'est ma tête qui sautera
si Fleur de Parme ne la reçoit !

Princesse Lila : Vous n'avez qu'à lui proposer
un tissu bien meilleur marché.
Sinon c'est moi qui fermerai
votre atelier dès cet été !

La conversation est interrompue par un brouhaha suivi de miaulements.

Mme Rose *(horrifiée)* : Sapristi c'est le chat !
Mais que fais-tu donc là ?
(au public) Il fait ses griffes sur le taffetas !
Malheur pour moi c'en est bien fait !
Ma tête coupée, boutique fermée !

Les réceptions

Tous les potins de la cour se dévoilent autour d'un thé ou d'un chocolat chaud. Les princesses dégustent papotages et petits mets délicats présentés sur des plateaux recouverts d'une cloche.
Elles ne résistent pas devant la farandole de desserts, mais elles ne se lèchent pas les doigts !

Des recettes délicates

Bouchées à la reine

Il vous faut : des chamallows, des fraises, du chocolat, une caissette en papier

Faites fondre le chocolat au micro-ondes. Disposez 4 chamallows dans une caissette en papier. Versez le chocolat chaud dessus. Collez un chamallow dessus. Surmontez le tout d'une fraise trempée dans le chocolat.

Colliers à croquer

Il vous faut : de la pâte sablée en rouleau, des bonbons mous, du ruban

Découpez des cœurs dans la pâte et percez un trou, mettez au four 5 min. Percez un trou dans les bonbons. Laissez refroidir et passez le ruban en alternant cœur et bonbons.

À table

La nappe

Il vous faut : du papier de couleur ou crépon, des perles, des pampilles et du fil

Découpez dans le papier deux bandes festonnées de la longueur de la table. Enfilez des perles et collez les fils au dos du feston.

Les verres

Il vous faut : des gobelets en carton, du bristol, de la peinture, des perles, de la colle

1 Découpez une forme de couronne du diamètre du verre dans le bristol, peignez, décorez au feutre doré. Peignez chaque verre d'une couleur différente.

2 Collez trois perles sous le fond du verre.

Le saladier

Il vous faut : un ballon gonflé, du papier journal, de la colle à papier peint, de la peinture, des perles, du fil de fer

1 Recouvrez la moitié du ballon de morceaux de papier-journal déchirés trempés dans la colle.

2 Laissez sécher une journée, crevez le ballon et peignez le saladier intérieur et extérieur.

3 Enroulez le fil de fer autour du saladier et faites des poignées en escargot. Collez des perles tout autour du saladier et dessous.

Les sets de table

Il vous faut : du papier de couleur, de la peinture, du papier adhésif transparent

1 Dessinez un cadre décoratif sur le carton, peignez une couronne au centre du set. Collez un morceau de papier adhésif sur toute la surface.

2 Découpez la forme du set.